◎ 碧果情詩選

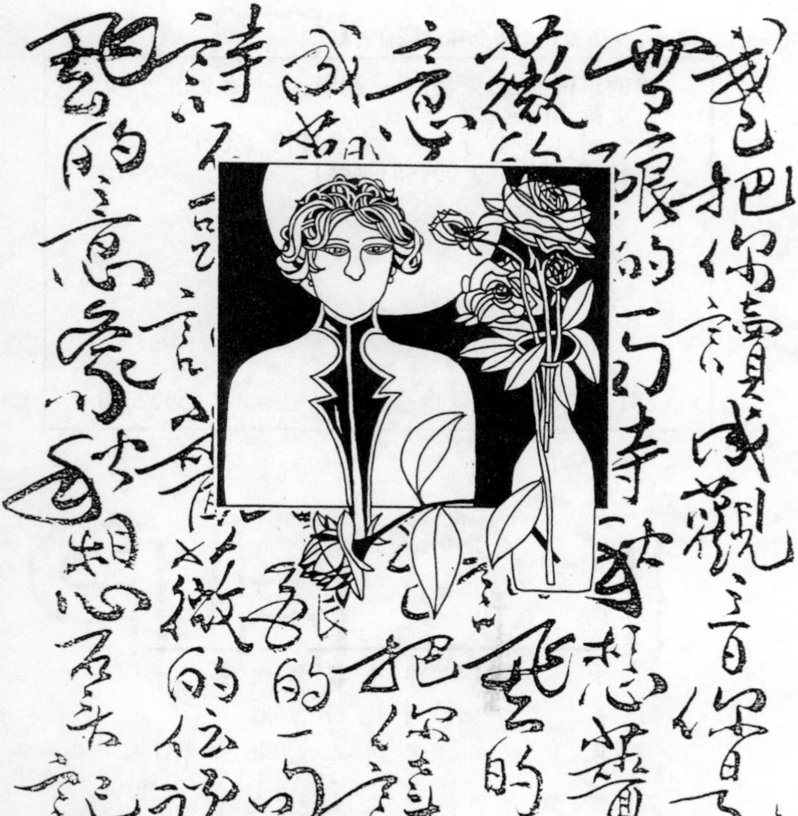

愛的語碼

我 已 把 你 讀 成 觀 音

國立中央圖書館出版品預行編目資料

愛的語碼 / 碧果著. -- 初版. -- 臺北市 : 文史哲, 民85
面 ; 公分. -- (文學叢刊 ; 62)
ISBN 957-549-004-5(平裝)

851.486 85002588

⑥② 文學叢刊

愛的語碼

著者：碧果
出版者：文史哲出版社
登記證字號：行政院新聞局局版臺業字五三三七號
發行人：彭正雄
發行所：文史哲出版社
印刷者：文史哲出版社
台北市羅斯福路一段七十二巷四號
郵撥〇五一二八八一二彭正雄帳戶
電話：三 五 一 一 〇 二 八

實價新台幣 二四〇元

中華民國八十五年三月初版

ISBN 957-549-004-5

愛的語碼　目　錄

第一輯：我已把你讀成觀音

第二輯：你是雪釀的一句詩

第三輯：秋　想

第四輯：薔薇的傳說

第五輯：石頭記

第八輯：飛的意象

愛的語碼

第一輯

我已把你讀成觀音

小花豹

鮮花貪婪地迴繞在你的左右
把整個春野占據的那個夜晚
月亮啞默地已升過你的額頭
花香幽緲若絲的
就在你的額頭誕生

誕生為一形似一頭小花豹的
是擁花入夢
淺睡為花的你
是你的側面
蜷臥的
苦修為我以心鏤成的
一尊

白而透翡的
羊脂
軟玉的小佛
名曰：

小花豹。

——一九九五·一·八·玫瑰園

我已把你讀成觀音

呼喚你名的
是走在夢裡夢外的那個我
如醒在三月繽紛的露珠裡
我　是蝶與蜂的子弟

小瘋子，泉是你的　水是你的
泉水四周的春的夜與晝何嘗不是
你　是薔薇的家族

笛鳴為你　花紅為你
在淺紫色灼人的苦楝花樹下
小瘋子你已被芬芳為
一位喃喃說花為

夢的
智者。
蒞臨吧？水雕的小瘋子
我已把千年寶蓮托起。

——一九九四·九·一八·燈下

三月的傳說

如果，花是春天的衣裳
那排木棉樹盛開的花朵，該是
大地密縫緊扣的鈕子。
你我的體膚就該是今春的三月。
綣繾的白雲
就會孵出一雙比翼的白鳥

猶是
你化身為泉。我化身為瓶為楫。
白鳥欸欸飛臨
汲取一勺星光
釀你我今晚掌中的這杯花雕
其實，我把自己早已囚入你掌中的杯裏

直到溺斃。之後
鏤刻生命為一朵含苞的荷

之後
以泉水雕你。以春之泉水雕你
把你再雕成此刻的春之泉。乃
一座華美光燦的星之殿堂
把光佈放千萬面方位

今夜
我要在這千萬方位的光燁裏夢你，親你
一泓靈澈瑩潔的　春之泉。

汲一勺星光，餵養自己
你我的體膚就該是今春的三月
如果，花是春天的衣裳

——一九九四·三·一三·午後

春的紋身

如果，花是春的紋身
而春的樣相應該是你。我的小人兒
苦楝樹已開滿了淺紫色的小花
在你慧黠的眼神裏我濕成那日的早晨
正捕捉那一朵小花是我。

是鏤刺在你心上的
還是垂落在樹下的
被啁啾如曲的鳥聲刺疼之後
才能感悟自己活著。
愛的年輪也就此成形了。

於是

證實，縱是你。橫是我。
繽紛的風繽紛的化你我為絲，為縷
織錦成花。成為

春的紋身。

——一九九四·三·三〇·晚

血花箋

一個早春的晚上
星和月隱在巷尾的背後
如一陣無家的風縷
我蜷縮著身子，開始斟酌委屈的自己
整幅夜景擴散為悃慵的幾片敗葉

（小人兒，你原本是以月光餵養的
一朵透紫的鳶尾花。）

一雙伸向四方的慘白的手
兀然扭斷一瓣瓣殷紅的花瓣
在我裂疼的心上
帖出一種呼喚

呼喚著你的名字。之後
成血。

（小人兒，你原本是以月光餵養的
一朵透紫的鳶尾花。）而
在一聲嗆咳之後
忙不迭的，是我。

——一九九四·二·四·午間

以雪寫的一首小詩

今夜，當你微恙之際
所有的門扉都是封閉的
而我就像是一株覆雪而眠的喬木
癱瘓在你剛剛的那兩聲輕咳裡
為你祈乞著春的早臨

啊　你把自己植於廳中一隅
燈下，醺然的眼神，醺然的額頭
窗外尚有一樹海棠慨慨的；你說
而遽然焚起的是我疼你的心願
之後

我卻委頓在自己的影子裡

光暈慵懈的路燈蔓草般的蠕動著
在巷口
此刻，我只有心疼。想你
像一株覆雪而眠的喬木
立在無涯的荒原上。想你
此刻，我已以心和雪釀成　酒
斟一盅
給你。如一首雪寫的小詩

——一九九二·一一·二四·午後

仲夏之晨

漫步一條清幽的彎路之後
晨間該是自你我眸中走出的晨間
在一方淨土之上
靜坐石上的你纖柔在水湄
山的翠色就在你的紈扇中搖出
雲駐足，鳥止啼。

你已把自己坐成一尊玉質觀音
萬物滋生賴以你的呼吸
內斂的我早已化為一莖瘦弱的
蔓藤，絕非秘密
在緣樹攀援的仲夏

面壁自己，蛻變
一隻紫燕，專注的
只想啣花營巢
與你釀蜜
造夢。

——一九九三·八·一六·燈下

星和月的盟證

步在花間有擁夢的輕風
夢是乘風而來的
那日，盈盈的泉聲湧自潔雅的四壁
一朵菊醉臥在你的髮間
如我。因
白魚和紅酒正繾綣在似錦的春體上
橫街上的晚膳就是這樣
對坐你我的微笑裏

燈以光及時的放逸出你我
誰說不能摧車狂歌
誰說你我的山水不曾聆聽
何須回首春與秋

那日，你我走進一株貞靜的紅樹
就燃點成春和秋的品格
這種品格也就是你和我勻整的景色

因

有星和月
為盟。
作證。

——一九九三·一·一六·初夜

花魂記

在水仙的綻裂聲中
如一隻翠鳥切入你的懷抱
城市在燈下的窗外
橙黃的窗內你我把酒在蟹蘭粉白的嬌嫩裏

花貌是吹彈得破的
冰琢玉雕的如你之容
燃出火燄的是你的雙頰
而處於蟹蘭與水仙之間
你和我本該繡繪一個繽紛的夜晚
許是倚著淡雅的花香
一股汩汩的水流自我的眸中溢向你
也自你的眸中溢向我

夢和你我均自囿在花中。之後
我悄然走出自己
面對花中的你
在舌狀花萼之前醉成一隻噙淚的紛蝶
恆翔的
跪拜在
燈下

——一九九三·一·二九·午後

如歌的夜晚

夜色誕生於我的跫音之中
柔黃的燈光下，你以笑容溶解自己
最致命的是
正如每朵放與未放的花
均滋養著一則甜美的夢
夢　如環珮綴滿你的裙裾
最致命的是
天河是我以火熱的唇痕燦然而起的
之後
是燒天的風和雨。之後
是風雨浸入春的內裏，揚起

酒與
蜜的
歌聲。

——一九九四·一二·某日午後

夢中來去兮

一場翩翩細雨紛飛過後
喋喋不休的春天就在櫻花樹上嘮叨
蜂來蝶來都該是神佛的旨意
今夜踏入你夢境的幽徑
其實就是怔在你窗外的那株櫻花

當天河在眾星繽紛中靜下的頃刻
你我的魂靈浸在絲絲縷縷的花香裏
輕踩著布滿鵲鳥爪痕的織錦一匹
以亦浮亦沉，且醺然自得的步履
在夢中，互來互往著
直到一抹曙色升起
儘管所有的看視都不見了你我

似乎那株盛裝的櫻花
仍喋喋不休嘮嘮叨叨的述說
述說
一餐春天的酒話。

——一九九三·二·二〇·燈下

說月

一個透著禪味的初夜
月光已自你的唇邊流放出來
多麼熟悉的一聲呼喚
像朵粉白色的十八學士（註）
每一瓣都述說著：我愛你到老

靈秀的月亮正如你我心中的
那頭小獸，實在無法溫馴下來
是以，如刃的月光
刀法熟練的紋在你我的體膚上
我胸前紋一幅百花不及於你的姿容
一朵粉白色的十八學士

啊，冬去之後
在你的胸前
就是
春的
疊景。而
那枚婉麗柔媚的月亮
自此恆在你我的體內
成為一個透著禪味的初夜

——註：茶花中形色最美的一種。

——一九九三·二·一一·夜

花與河的盟誓

我就是春天的河流
今生的左右應該是你
因　愛人的夢境只有一個
是以，我是河，你就是河的兩岸
如果，花是你的化身
在你週邊我願做那串形影相隨的鳥聲
因　花與鳥聲
均是屬於你我的
愛與夢的
私語。
在此刻的私語中
我卻是淀泊河中的一葉扁舟

而滿身覆以鮮花成為那日黃昏的
你　你應該是河
是的
花與河的這則盟誓原修自前世
是的
在你週邊我願做那串形影相隨的鳥聲
我今生的左右更應該是你

——一九九二·一二·二八·晚

第一輯

你是雪釀的一句詩

歌的因由

花兒燦然綻放時
三月的夢的邊緣我是最接近的人
因　隨著溪水而來的風是我
燦然綻放的花兒是你

花與夢以輕柔的言語在小街上
說　烹調鱸魚的香味在空氣中
透過你我的體膚
就是一個眩目至美的夜晚

且說
把要死要活和不死不活的一個苦梨
揉成甜度濃郁的三月

以月色為住所，譜你我為歌

之後
使胃的世界，正常反芻
為春天的
每一個帶有鱻味的
早晨。

——一九九三·一一·二八·燈下

水聲

玫瑰已燃成愛的季節
孤坐燈暈下的挹翠橋畔
追夢摘星的我啊
原本想以水聲雕出蜜糖的你
把夜空剪裁為你那襲淡灰的衫裙
繫我魂魄的是你星綴的衣襬
奈何，饑饉的我已與夜色溶合為一

追夢摘星的我啊
隨著水聲淙淙的早就消失而去
餘下的僅是一只剩淚的殼

啊

生死又若何
何需吩咐，噓

怎堪
張目，
一勺
膽汁
自斟。自酌。

——一九九四·六·二七·晨間

花之簡

為了豐美你眸中的喜悅
陽光煎炒著四月的一個午後
手擎一朵素花
苦澀的汗漬便醃浸了自己
也醃浸了一首淚與愛的
詩句。
夜初時分，盼你能擁花入夢。
小人兒，此刻
我正醉臥古渡的舟中
骨骸皆暢的
望月。

——一九九四·四·二六·午前

歌贈小人兒

初夏時
像一株枝葉繁茂的桂樹
我處身在一種美妙啞然的冥思中
想你：

你是
以月光和著潺潺的水聲
嫣然走入一面妝鏡，被微涼的夜沐浴著
如一朵初放的紫蓮。哦，小人兒喲
以徐徐的薰風鐫鏤的
小人兒喲，以我肉身
割裂灼滾的心顆為池為沼
津潤著清馨芬馥的

翔繞在花間的精靈
僅只是，為你下一次
眠入
花的
夢境。

當星空燦亮的使我頓成　仰望
在膜拜中參悟
如何為你不悅之後的一個寒顫
在愛中觸及　我的
生命。像一株枝葉繁茂的桂樹。

——一九九四·四·一九·燈下

水湄小鎮的來去

猶記否
春雨成霧的一個午後
你我游走如喋喋的兩株櫻花
曾把水湄的小鎮烘為江南煙景
而那迎門的紅衣店婦，巧以魚言蟹語
把你我滿身的浪花抖落。

自此，她

恆常的述說著：有對戀人
燃點自身膏脂，吟唱著
一闋
詩與夢的心曲

來

與

去。因為

那日，你我誤把水湄小鎮
讀為杏花春雨的江南。

——一九九四·五·四·午後

傳述食花人

午前
穿著濕柔暖和的春天
陽光正潑灑著金屬的音響
在開滿花朵的原野上
我就是那匹摘花食花的　　人

夜深時分
隨著月光淒迷的把自己流放給風
翠色在迴廊外氾濫為你的髮香
故事被倚欄的羅裙全部記述
在　一口小小的井裏

(因為

井　是羊脂玉石鑿成的井。因為
井　是我與大地的魂靈。）因為
每當月夜
那匹摘花食花的　　人
必然
來此，俯盼自己。

——一九九四·三·七·午前

光與音符的盆栽

彎著身子把光和音符埋下
它就是你手植的一株黃金籐的盆栽
你是一枚會言語的小月芽兒
潛回體內的是我細心的看視
看視
延伸至目盡處是一條紫色的小路
它正奔赴秋的盛宴
如花蕾奔赴爆燃的綻放
你我就端坐在花中傾聽一整夏的水聲
在水聲中
我卻願是那株你手植的盆栽

讓舒伸的新葉
散發出一種夜的香味
縈迴在你的身邊
淺笑為三月的姿容
鼓起無數銀色的小翅
載著　光
繞成一個愛的美麗的結釦
囚囿你於其中。

——一九九三·一一·二四·下午

初冬入谷記

你我以火的形骸蒞臨
燈火把夜濃縮在你的傘下
谷中的斜風細雨
如煙如霧的把你我也釀成谷中的
風和雨，帶有花兒的氣味
在經天緯地間
傘內傘外就是那對翔入谷中的

天鵝。
為愛而啼喚著
在乳色的蒼茫裏，如浸沐於天外的湖心
醉著。神性的
兩股熊熊的火流狂燃在傘下

漫步在飄著酒香的泥濘路上
頃間，雨止風歇雲開
月明星燦，因
你我以火的形骸蒞臨。

——一九九三·一二·八·夜半

風之誌

亮如星空的是你的額
刻骨的輕吻，溶我半生沈默
以全方位愛你的心，營造花與酒的歲月
琉璃般的小瘋子在我心中
你就是那朵說愁　愁來
且嫻靜典雅的白雲
我要耗盡生命的極限，就是滴完最後一滴血
也要
把我愛的一位琉璃般的
來自殷商的小瘋子
渲
染，成霞。
而後

我才能做那縷逸去的
風。

——一九九四・九・三・午後

弄笛的人兒

誰說那弄笛人今夜不來

笛聲已自你的玉趾間升起
夜　嬝嬝的在燈光裏柔黃的成形
在五色魔音絞索的韻律中
我的雙手在靈魂深處忙碌著
以愛的雕刀鏤刻出曲而又曲的
翠玉的，一條兩岸桃花盛開的
小溪，靈巧的把你柔繞

誰說那弄笛人今夜不來
在五色魔音絞索的韻律中

笛聲已自你的玉趾間升起
其實，如瓷質的你
細膩的早已譯出，自
你我的體內所散發出的
那股濃烈的氣味，就是
夜。

誰說那弄笛人今夜不來

——一九九三·一二·二〇·午間

你是雪釀的一句詩

炎炎懨懨的那日午後
身影總是陷入貧瘠的土壤上
可否推車入山。你說
啊，你應是水。水釀的雲
雲釀的雪。雪釀的
佐食的一句詩。我說。

炎炎懨懨的那日午後，在山中
如風的你依偎著我的肩胛
翠谷就進入了你我的體內
慢步在靜謐的山腳，林內，溪邊
一幅人間的風景
已被你我走出

待淺醉之後
踏著水聲月色歸去
身內身外的對白
均是你我共守一生的愛
以魂以靈繾綣成一束恆向四方舒放的
鳶尾花。
因　你是雪釀的一句詩

——一九九三·八·三·午後

浪花

沿著春的軌跡，我已藍成你面前的海
四月傲漫的霧堅持留在山中

那日
陽光在山外，精靈為一朵
薔薇似的
歡愉的你我投身水湄小鎮
造訪終日按板輕唱的

浪花
它愛寵的使海藍得更細緻
每日，小鎮微醺在夕陽裏
晚膳時，我說
要以浪花為你砌間愛的小屋。

沿著春的軌跡，我已藍成你面前的海
在歸途卻已醉禁在你的掌中
只有浪花綻放的聲音，縈耳未去

你說：
好美。

——一九九四·五·一八·午前

魂去未去時

在蓮瓣的側面青芬的你悄悄的顯現
我浮出夢外的魂魄
如絮飄盪的乃我中的真我
微笑在微笑中，雖是亙古的兩行清淚
引我走向最後一步，在來時的路上
步入也是春與秋的黃泉

小瘋子，我已是風中的雪啊
翩翩的濃縮為蝶
碇落在你的胸前，消溶不見
而我

依然

願在花與酒的月夜盼望遲來的人。

——一九九四·九·七·午後

第二輯

秋想

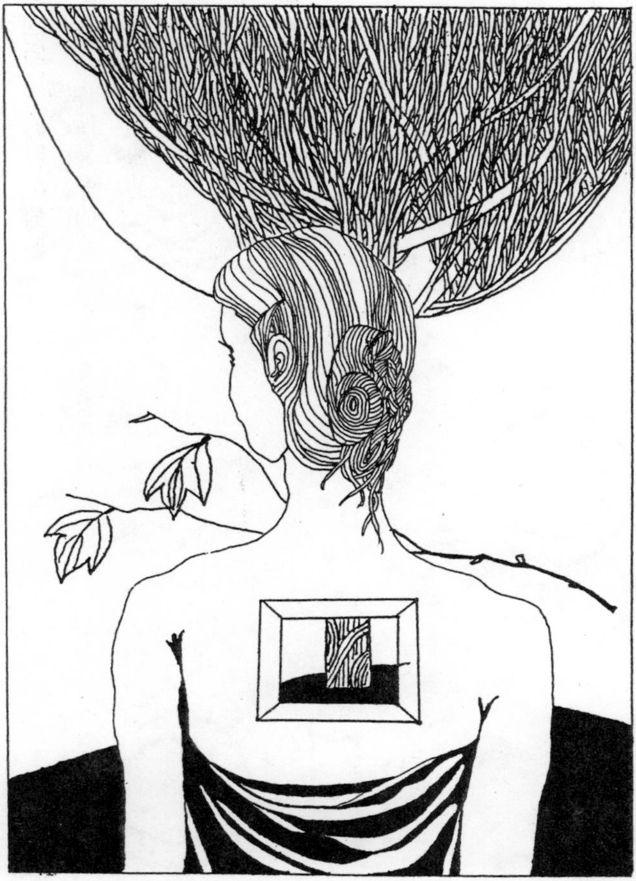

雕心的人

燈光把你我呵護在四壁之下
孵化一個愛戀的礦藏的夢
那是千萬朵你所喜愛的玫瑰花的芳香
我在一種非常繽紛的

鞭笞中，受著。
活成一位雕心為礦的戀人
（春天的血液是戀人們每次因愛而滴落的淚水
如露珠兒沾在晨間的草葉上。）
活成春的同志
燈光把你我呵護在四壁之下

孵化一個
愛戀的
礦藏的 夢。

（所以，你我要活成春的同志。）

——一九九四·一一·一·晨間

夢蠶記

嬉戲的星子與樹隙間的燈影私語著
是花魂的指引
是天尊先生冰雪靈思
以精緻的匠心巧手
雕你成羊脂的玉體
蜷臥　為蠶

又是雪花揚起時
策步甲子的行腳
序自己為愛的偈語
我醒在醒中
以心瓣為葉，許身
迎你

直至萎落化塵。

——一九九四·一一·一六·午後

說花

倘若
淡紫色的苦楝花又把春的夢境完成
而於你的身側，我已測知
輕風正吻著你檀香眷顧的
頸項。
展目　即是
甦醒的
大地。

三月牽掛的是你
是春與我心中不凋的
一朵
玲瓏

光鮮的
千色萬彩供俸的
小瘋子

啊，小瘋子
我願裂心滴血提煉一種
喚做　臙脂的采聲
為你。

——一九九五·三·一三·夜半

燭的佐證

燭火把夜濃縮為你我的距離
春在體內沉默之後
遍山滿谷就是那串野性的歌盪著
來，小花豹，舉杯吧
飲盡柔情萬種的風景
紅酒的芬芳就是你我的體香

之後
暈眩了的是燭火
悄然且惹人煩的
是鮮花偷偷開滿你我的四周
而正在舉杯的你我
不知不覺間

在燭火中坐化
為　春的體膚
啊
卻有淚滴在垂落的途中
又把你我在燭火之中誕生。

——一九九五・三・二二・燈下

夜思十二行

驚喜如此，膽怯如此的夜晚
你我已被愚癡的燈火炙烤為月光

春雷把精血留給冰肌玉膚的河
胚胎是激進的大地
飛翔就在你我的相擁中孵化
以狂妄的詩想，以不羈的魂靈
嘔出

善與美的感悟，是
全部愛的神聖，在花香的記述中
就是今生的此刻。因
仁慈的你把我已點化成桂樹般的

小獸。

——一九九四·一一·二九·午後

冬夜偶拾

人已來。燈已明
嫻淑的你端坐在燈下
雲霓就縹緲在你的身邊
此刻的言語起自一朵盛開的水仙
問與不問，我都曾記得。因
冬夜已被掩在窗外

春已寢在你床前那雙絲絨鞋裏
啊，一位輕裹粉白絲袍的小人兒
依隨的是我，一尾忠於一聲咳嗽的魚
游喋在春的溪水中，疑惑不再
我活著。依隨你說白為黑
說黑為白。因　我活著

得以看視自己的生命
小人兒，依隨的是我，一尾
忠於一聲咳嗽的　魚。因
岸上，夢裏夢外
那隔世再逢的人就是你我。

——一九九四·一·四·傍晚

非井之說

回首
乍然一口井已挖鑿在我的軀體上
那種疼，只有思念你的時候，才能
感悟，把心噙在口中
燃支菸草，焚燒自己
依隨　煙塵繚繞

啊，回首
乳色的一朵薔薇
點亮翌日晨間的橫巷
虛懸的心顆始能歸位
而有種美卻在鑿井的疼中成形

如今，夜已把井的故事借走
燈下卻是一缽嫩粉色的蟹蘭
把你我的輕笑擲給窗外的　夜。

——一九九四·一·三一·夜

詩與禪的晨間

春風拂過你我的肩胛
滿目的翠綠沿著仰望的山勢
已把蓮步移向你我
陽光溫婉中透隱著一種不安的騷動
小人兒長裙曳地的引出一串古典的鳥聲
晶藍的天體眈視著晨光中的你我
霍然，使我頓悟，昨夜的月光
仍貪婪的居寢在我的體內
如你。如在思念中的你。而

絕非　果陀。
我仍等待今夜的月光把我淹沒
此刻，不落言詮的

在這纖塵不著的晨間
以韻文吟出的小人兒
已化入詩。化入禪。而後
輕扶你步上階石的，是我
（因你險被那窪貌生歧義的水設陷。）
啊，以韻文吟出的小人兒
已化入詩。化入禪。因
你我今夜仍要把自己交給皎潔的

月光。

——一九九四·三·某日

河與夜的記事

柔黃的燈光似水
你坐成夜晚的樣子　好美
一條什麼樣的河使你我泅入
因河岸而緊擁在一起
月亮就在窗外全然的懸著
那人靜寂的跪在河邊
極樂的心境美妙的如一朵花的盛開
像一隻沉醉春野的鶺鴒
那人靜寂的跪在河邊

你坐成夜晚的樣子　好美
柔黃的燈光似水
這就是無邪的此刻。因

像一隻沉醉春野的鵪鶉
那人靜寂的跪在河邊

——一九九三·一一·一八·晚

魚與玫瑰的解語

潛心的我專注的讀著
在鏡中如詩句般的你
由月光裡婿婿然而來
如一尾婀娜的小母魚

關係就在相思的時空
像飛翔的那對小翅
早春時節你我都曾走過烽火
愛，日暮時始如詩句般的誕生
之後是丈量

丈量之後是
你我深情的互飲互食著

方曉其中有股風恒在心中盤桓，之後
碣語在碑石上，説：
更深時，在山中
有兩盞心燈，燦然的亮起
兩朵永不凋萎的

玫瑰，聯袂而行。

——一九九三·五·一八·暮

春的樣相

春，尚在千里之外
一夜大雪的後邊奔跑而來
你我已身輕如對乳燕
迴旋在這空無一人的谷地
霍然，灼人的那樹紅花被點燃
使灰暗的天空湛藍如鏡
湖水驚嚇顫慄的
把你我的倒影忙不迭的攬入
叵測，一陣微風誘來一陣細雨
方知你我在如鏡的湖中
在花香鳥啼的凝盼裡
是一種繽紛與輕柔的陷落
但已分不出

誰是
被倒影刺繡而出的自己

哦，昂首
在花香鳥啼的凝盼裡
面對那樹紅花的你我
正在
反觀
自己。

——一九九三·五·一三·燈下

花宴

在月色呼疼的橋上
髣髴你我自雲外來
覆一身翡翠的纖風細雨
坐在吞吐花香的每盞燈裏
觸目盡是造設百花的肝腦
湧起一碟松濤
搖曳一盤樹影

以星光煨成百朵玫瑰和水仙為煲
以溪水濺起的水花清蒸芰荷為羹
一瞥深秋魚游萬尾
淺嚐初春釀蜜成酒

對斟的你我是山也是水
是我佇足在你的生命之中，山説
是你佇足在我的生命之中，水説

燈火和月色把你的姿影臨描在亭內
我把愛你的詩句隨著燈影月色銘文在心扉
小月芽兒搖身為一樹含苞的小瘋子
是丁香是茉莉是薔薇
一盤一碟一碗的
是煲是羹是糕的
你　貞靜的坐在每朵欲放未放的花中
魚鮮一尾乾煎
驀然

欣見如願的自己乃潛入碧泉的
一尾
鯽。或

鯉。

——一九九四·一一·一五·暮雨

月之魂

縈魂牽夢的夜
已渲染為丁香的淡紫色
你和我如月光一樣
透明在谷中
山和樹、田寮和土地祠也是透明的
溶在月光裏的你我已不見了自己

燈
如星
激情在墨色的半山和林中的小窗內
驚悸不安且喜孜孜的亮著
依然是亮成燦然的

花。
怡然的花香繞著怡然夜遊的你我
輕柔的踩著輕柔的風輕柔的
踩著輕柔的花香輕柔的踩著
輕柔如蜜汁的
夢和月光
透過松枝在谷中的野店
舉杯
邀月
淺醉。
淺醉成蜜汁般的你我
啊　不得不歸去
不得不抖落歸途銀白瀰漫的月光
啊　為了遮月
兩朵初放的薔薇
可是你那雙不得不掩窗的手，我想：
擁月入眠。而

夢外
奈何
月　已斜
一輪皎潔淒艷的
玉盤
依然淒艷皎潔的
冷在
朔風的
雕廊
外。

（Ej·我體內始終有枚無法釋放如你的月亮。）

——一九九三·二·五·元宵前夕

蝶的必然

每每有花有燭的夜晚
必然是花與
燭呼吸在你我的呼吸中的呼吸
才是　呼吸。
而後把你我的心顆伴著
初誕的小月芽兒與晶藍的星子
浸在如蜜的汁液裏
眠入一朵為床的薔薇花中
走為蝶的一生，這該是愛的

限數。
你我聯袂成蝶，翔入大化
大化的　桃花

桃花的　春天
春天的　淚。
淚的限數就是成蝶。
成蝶的
是此刻的你我
浸在如蜜的
汁液裏。處一處不染塵凡的
處所。

——一九九四·九·二六·永和

百合的變形體

風景狂喜的步入你我的體內
咕噥在細雨中的你我也掩入了風景
因初夏的晨間

承荷著蜜汁與酒
花與陽光的
夢。因
風景狂喜的步入你我的體內
夢　是把你我咀嚼成
兩朵生翅的百合

百合那時的姿容，如
一對相覷的粉蛾

前生就是這樣
愛的年輪已開始隆隆旋動
在玉質貞靜的白屋中
風景狂喜的步入你我的體內
咕噥在細雨中的你我也掩入了風景。

——一九九三·六·一五·傍晚

火鳥的由來

如煙的光澤繚繞在草莓的茶香裏
把你我送入喉管的是股靈性的氣味
燈光正讀你我為一對名喚火的禽族
據說　窗微張時古自殷商

今夜原本就非常杳色
薄霧又由山腳柔媚的潛來
於是，舌間開始喧嘩著
是絲綢般的原野遍開的花朵
以燈光的言語又把你我春成
翔恆的，外一章的

那對

火鳥。

——一九九五·一·二·午後

心湖

因　你是湖
我就是一朵自囿在湖中的流雲
因　你是湖

唔，涔涔淚下的
那獨坐石上的自己
正定定的凝視著傾聽
體內翻起千萬翅翼的搧動聲
是自忖如何自你體內走出一步
只為攀岸摘採一束水薑花
給你，因
在那縷清芬裡的
你我

就是
初夏的
全部。你和我的全部。

因 你是湖
我就是一朵自囿在湖中的
流雲。

——一九九二・一二・二五・午前

春的解讀

其實蝶與花都會解讀了的
視象中的你我早已在吟唱中
綻放為　春。那
兩尊玉鑿的
或禽翔或
魚游的
一部愛的史冊

終於
完成春的夜色。
此刻，巍峨的你我
如太陽降臨凡塵的
為了存在迴繞幾個街角

安放自己在一籠花素水晶餃中
再次揚髮吟出，向
遠方的
地
平
線。

——一九九五·二·九·鳳山

白鳥之死

九三年十一月十七日·面前
逼過來的是一絲妥協也沒有的濤聲
走進冷冷的書房，竟成
驟然。

我把自己溶進四壁湧來濃稠的黑暗中
不知道，不知道，這時可與誰
為伴。如泡沫一樣的
呼吸在騷動不安的心上，該死的

門外是否有股冷風旋起
咕咕，活著真苦
像一道一閃而逝的光也好

直到午後濕成窗外的雨
你我原該對坐一朵初放的花裏
又誰知一隻昏厥的白鳥
自一棵楝樹上垂落下來。

傍晚濤聲拋下香的氣味走了
那人始掙脫四壁走出
另一種　孤獨。竟
肅穆的跪在一口玉鑿的井邊
潸然成淚。

——一九九三·一一·一七·傍晚

秋想

我在落葉的　疼中
如靜聆最後一聲的蟬嘶
掬捧一掌漂渺的煙塵
或許　你正在摧車的途中
而我　竟在煙塵中墜為烏有

之後
烏有
在落葉的
疼中
成為
煙塵。成為
蟬嘶的

最後
獨坐　如一尊泥塑
在落葉的疼中
等你。你是
我心中異化的一朵水仙

啊，小仙女，觀仕音菩薩。

——一九九三·八·二七·午後

第四輯

薔薇的傳說

愛在天地間

當春成形的那一刻
你我已擁成一樹盛放的桃花
在天地之間緊緊的繫為一個
美麗的　結
那該是你和我。

醒或者是
睡
把小我的你我禁足在那株盛放的桃樹上
在天地之間都是最美的
其實，每逢春天
都是美成這種樣子
獨白在窗外透著花香的微風

不僅只是描畫你我有象無相的春天
神和佛或眾生都一樣
剪不斷
理還亂……（註）
釀蜜釀酒的打成一個最美的　結
在天與地之間
讓天地美的不能容忍而產生妒意

——註：李煜「相見歡」的詞句。

——一九九二·一二·一一·初夜

你睡成透明的蓮

就因為你睡成蓮時太透明
寧醒勿睡是你的困惑

輕愁是窗外月光的獨白

今夜
可否把自己像羽毛般輕柔的交給睡眠
千萬不能成為風來雨來的宿疾
莫名的恐懼非根除不可
被尊為小水人兒的你
已是曠古絕今的錯誤
而今，已錯誤成我心中的那串
含苞未紅的蔦蘿

晨間
陽光充塞我迎過去的窄巷
在你眸中，我已識你以昨夜未退的月光問
我
何須心悸，血紅？骨白？
哦，寧醒勿睡是你的困惑
就因為你睡成蓮時太透明
今生永世我都以月光和水的語句讀你
就因為你睡成蓮時太透明

——一九九四・一二・六・燈下

讀春的人

一樹馨逸淡紫的苦楝花
一灣淙淙吟詠的山溪
你我正悄然走過
誰人知曉這讀春的門徑
今晚，在解語的燈光下
翩躚而翔的那隻小蝶，是我
水流中那縷縷浮升的花香，是你

啊眾口難以傾訴呵
今晚，在解語的燈光下
你我品飲一杯濃烈香醇的白酒，品飲自己
在愛的奧義裏
以花營巢

眠時，以詩入禪。
醒時，以禪入詩。
而為了仿學一名吹奏笙簧的人
我已削瘦在你的玉趾之上

誰人知曉這讀春的門徑
你我正悄然走過
一灣淙淙吟詠的山溪
一樹馨逸淡紫的苦楝花

——一九九三·三·八·午前

水仙與自己的誕生

在心室深處的鏡中
把你俸為一莖盛綻的水仙
造設成鏡的是　愛
無需任何故事編織，而煽動，而
懺白，自靈性幽徑
征服水的駕馭，是你的全部

清芬孃孃是你靈秀的儀姿
導佈柔美、淡雅、脱俗的時空
尊貴至一生命的極限　而

我卻被折磨為一瘦瘠，且
透體晶亮

自然舞踊起來的
醺然
發光的
牛，沐在令人昏暈的蜜糖內
啞然靜默的看到
水仙與自己的誕生

——一九九三·六·五·晚雨

高麗紈扇的聯想

翠色紈扇來自高麗
因
陰陽圖樣印在紈扇上
初夏就自你的手中搖出。

鳥語與蓮香總是繚繞在你我的左右
把山水中的你我讀為你我中的山水
邀約一陣陣微風和細雨
演出四季之外的
一季春的
告白，你我的時空
則無需再加妝飾。因

山中有水
水中有雲和魚的嬉戲
左右仍是鳥語與蓮香縈迴不去
且隨你我去橫街微醺至初更

因
陰陽圖樣印在紈扇上
紈扇在你的玉指中搖動

——一九九三·五·三一·午後

必然

你像一朵初放的茉莉
我正凝眸注視你沾露的雙頰
那莖伸出水面的粉荷如我

在湖的內外
暫停呼吸的
徹頭徹尾透藍的天空，它明白
霧，急待成雲
因　風癱瘓在你我來時的足痕裏

跫音在舌尖下發生
茉莉靦然的
說：

瘦，是必然
香氣淡雅，是必然
體內午後的時間，是必然

必然，是淹沒。

淹沒的必然，是
那莖伸出水面的粉荷如我，和
你像一朵初放的茉莉

芬芳四溢

——一九九三·六·一·晨間

一齣那日的山水

被遺忘的夜空橫在街的盡處
想墜未墜的月芽兒
古典的仰臥在爭吵的街燈之外
喜悅而凝冷的
說著蝶與花的言語

迴旋的梯階上
風正蛇也似的詭異的充斥著
且無論如何，你拈指若蘭的手
也未將一道試煉春來春去的門開啓
儘管踏腳一步溪河兩岸皆春

然而

在荒敗的情節裏
你我依然在蝶與花的言語中
踱入　你我的
山
和
水。

——一九九五·二·八·澎湖風櫃尾

魚與薔薇的夢

昨夜鵲鳥把天河喧嘩為青藍色
有魚與薔薇鮮美清芬的氣味
來自此刻的窗外。

不知春以什麼樣的手法把你我
繪入那幅氣韻非凡的景色
懸在心室的四壁
水的左右均為桃李
斑爛為花的你我早乘一葉扁舟
順勢而下，去向不宜宣露。因
昨夜初升的月芽兒
彷彿這樣警示的說過
魚與薔薇

是夢中必有的象徵

意義。也是

一種愛的

對白。

——一九九三·五·二·燈下

煤與淚的章節

鶯啼自溪中升為一樹桃花
誰能回答這三月的景色
溪水在體內湍湜的流過

夜陷落在一股淡雅的幽香裏
兩盞心燈把你我燃點在霧裏
呼吸在黑色液狀的溫柔裏
誰敢招惹你我

在愛裏醒著，醒成淚
在淚中裸著，裸成煤
這就是三月的景色
它已把你我焚燃為鍛鐵鎔金的

一把
天火。

——一九九三·三·二·燈下

無題

當秋揮霍楓紅為一種財富的時刻
你我已懂得如何調整自己的心弦
譜岸上的花樹為一曲愛的絕響
不僅一唱春的景色
而是在陽光下閃動為錦鍛般的河流
夔夔的催促使你我完成初次的航渡

小月芽兒，我的愛
今夜
你我要把所有精心手繪的
彩燈
張懸在
心河之上，與

河的兩岸。
傳遞
春與愛的
號外。

——一九九三·三·二一·夜半

夏夜食事

星月相隨，清風已過婆婆橋
八珍煲內魚鮮菜翠
一谷醺然的水仙是你的姿容
青帘亭外鳴晚蟬
我與亭內桌椅也醺然
清淡宜口的是你我飲成丹青的

一幅
月色。

我如輕舟浮沉在淺溪
以冷冷紅酒滌你嫵媚的玉趾
笙簧之音默讀我在舌齒間
且讚歎

願為縷縷的甜美的體香
繚繞溶入月色的你我。

——一九九四·八·二〇·燈下

薔薇的傳說

前夜，你自悟在不覺間
已與燈光柔媚為一體
臥寢繡衾，如
朵初放未放的薔薇
巧有窗隙一絲風流的月光潛入
那被花香終日浸著的你
迅捷的就變成了一頭小花豹了

而在我的看視中
翌日，坦蕩的陽光在春野上奔跑
春野坦蕩的就奔跑成一頭小花豹
小花豹卻坦蕩的奔跑成一條輕吟的河
哦　何時我已在河中游成一尾

微醺的　魚？因
窄巷內充塞著坦蕩的陽光
我坦蕩的在我的看視中
癡情的望著
一頭
小花豹
走出
我的
瞳孔。因
前夜，你自悟在不覺間
如朵初放未放的薔薇　因
你已與燈光柔媚為一體

——一九九五·一·一五·午後

第五輯

石頭記

魚與花的心語

原本是
一尾
奉行　春之使命的
魚。

就這樣在夢裏
在靜謐的月光下
雪白的小玉貓咪
輕輕的旋轉著雪花般的三拍子
在迎春與丁香的花叢裏沒入月夜
是以　廊的內外傳來的都是你的體香

是以

在四季的月夜裏我浸在月光裏
生命彷如指間漏失的月光一樣
化為小小的許多個很疼很疼的　夢
之後

這些很疼很疼的夢，斑爛在我的啜泣中
亡命撲向那因愛而支解自己殘留的傷口
化為淚。而入胃、反芻
使其成花成蝶
但願你隨時喝叱與差喚
我全然溶入月光的魂靈
為水，可消暑
為火，可取暖

雪白的小玉貓咪
如今，我把反芻後的自己
已調成一縷笙簧之音

一束紫色的小花或一捧玉白的茉莉
在亭外，在廊下，迎你
直至如晉朝一樣遙遠的
距離。

——一九九四·七·二六·初夜

釣者

山是即興的山
水是即興的水
我正看視一位犯賤人飾扮釣者的演出
坐在午後一時三刻的水湄
往口中塞入一塊丹麥麵包
以靈與癲狂的思念做餌
垂釣一尾
瘦了的
自己

啊
生命如齏粉般憂戚
歌聲癡瘓在遠遠山脊的林隙

祈盼著，可否揚起晨間的霧
霧後的彩雨
雨後的
虹。或者，霞霓

最後
那人萬分酸楚的走出風景
仍把一尾瘦了的自己還給今夜的月色
椎心蝕骨的
眠成晶體般的　想你
我的愛。靈精的小人兒
即興的釣者即興的演出在焚心的思念中

——一九九四·七·一四·午後

或許木棉花樹初放時

未名的一株花樹上
被喚做微笑的小瘋子朵朵的佔據
為　春。

征服我的方式是引我為蝶。
甘心翔偎在你的身側
而不安的你我就憨於一方陌生的田畝
瘦魚似的不得其門而入
自此　為謎。

謎為一則繽紛的謊言。
之後：
小花豹

僅是
為蝶
死戀著，一隻忠誠的
食花維生的
我。（因為
愛，才是你我此刻的
時空。）

——一九九五·二·五·南台灣老埤

囚者的冥思

沒有山和水有沒花與酒
緊緊裹著我的只有墨黑的夜與孤寂
沒有聲音只有吶喊死在心中
七月本就是一個窒息的季節
日子昂著頸項，睜大眼睛
睡眠在睡眠之外，眠成
一盞燈火的重量。這種重量
很接近死亡，因為，想你

迸出喉管的是我愛你最完美的一句詩
一首淡紫色的音樂和花
也許，是午後
在尋覓我的身體

但此刻景物都荒為空白

因為

靜待特赦的我也正在其中
理由是巧在脱殼的我，要綻放
一朵迎風的小紫花。迎你，

迎你
春天一條玉鑿的小河。

——一九九四·七·二三·午後

我在思念你・致命的吸引力

先知
玉質雪白的小瓷人兒
以思念做刃
我把自己割裂成豎起的凌狀
廂列　排一道閃爍玫瑰紅光的天路
迎接春迎接你
玉質雪白的小瓷人兒

你是先知你是春與愛戀的先知
賜我生命甘露的先知
你是春天的月夜
你是
愛戀的先知

玉質雪白的小瓷人兒

在流質月光的漩渦裏
充做居室，滋養愛戀的血肉
敬請大慈大悲的天神，為我
加設另一個專供淚反芻的胃
使你的容顏
艷麗的
在淚珠裏浮現，玉質
雪白的小瓷人兒。

——一九九四·七·一六·燈下

焚我・七月的風

七月的風是被火馴服的一頭小獸

那日
午前我竟空白為一方荒蕪了的田畝
呼吸在一撮灰燼的無奈裏
因再次點燃自己的是思念
思念是你愛的一朵小紫花依在牆邊
舞弄在如火的風縷中
當整座城廓陷入燈的懷抱時
你可知否，心因愛而滴血
飢饉的我多想饕飧一座春的翠谷
透藍的夜空，和
晶亮的小月芽兒

七月的風
是被火馴服的
一頭
小獸。

——一九九三·七·三〇·暮

愛，沒有別的方法

沒有別的方法使我寧靜
浮動的心在思念的血與淚的內裏浸著
一個叩問蒼天的自己

奔進去，向體內的燃燒
死亡在一個不死的存在中，更為灼疼
為什麼，那條汩汩流向春天的河
突然倒流，這景象
就如同把鹽粒撒在我撕裂的心瓣上

我想你會知道
此刻，我就是那條脫去鱗皮
脫了廿次又四分之三的

蠢蛇。

不曾說謊的是
一陣陣痙攣的白色中的白色
再沒有喊叫的
淚與血滴。
處決方式：是
在我寫出愛你的最後一句
詩裏，像風一樣，
處決自己。之後
小人兒，我會在一個白色的
彼岸，等你
一同蛻化為蝶而去。因為

沒有別的方法使我寧靜
浮動的心在思念的血與淚的內裏浸著
一個

叩問
蒼天的
自己。

——一九九四·七·一九·午後

繭中人

走出燈光渲染的夜色
竟想觸及自己的跫音，而
跫音中似乎滲入了夜和月芽兒的香味
使我疑慮的它卻成了秘密
於是，眼酸澀，心淒楚
且彷彿背後的影子中另有一個影子
冷眼看我。為何
不放劍刺我雙目，斷我雙足
卻使垂目，萎頓的
向內看視自己滴血的心顆
啊，奈何
我的心和夜早已結成有月芽香味的結
大化　成蝶

死命吮食著
古自殷商鸞鏡中走出繡樓的
一縷輕如薰香的
以丹霞托起蓮步的小仙女
因而我自囿在繭中

信手拈來的
均為因愛戀而譜成的夢境，因
小仙女著一稱身鏤花的紫襖兒
古典嫻儀的端坐我的面前
已是煙景春光的江南了

啊，奈何
我的心和夜早已結成有月芽香味的
結。

——一九九五·三·八·夜

石頭記

在一方文辭芳馨意濃的青石中
我坐成春天一個相約的午後
街角猶似流雲的過客傾滿雙目
自殷商赴會的小人兒尚未到來
鮮苔已悄然覆我一身

人間此刻誰人最痴？

啊，那位假寐的青石
霍然，自流泉湍瀉間惺忪醒來
如是，繁花初放，鳥雀齊鳴
雲開處那玉雕的小人兒如仙降臨
時光且香甜似蜜的

進入
人間。

自此，以我餘生春秋
日夜展讀銘烙心中的小人兒。
而明日誰人解得一方青石之中
盈滿我因愛戀而芳香四溢的
淚滴。

——一九九五·三·一五·夜半

春的切入

燃燒起來吧
你我體內有股憂鬱在囂張的燃燒起來
是河　為了這則非癡非愚的
夕霞之下的收穫：是啜泣與無奈。

靜穆的秋的山丘間，雲雀
坦然的和你我蜜汁般的
一起把自己交給鏡質的天空
透藍的意象內外：都是燃燒

火，溫柔為流質的火
淚與汗水正咬著你我的肢體，如鹽

溶浸在你我眸中的大地上
過後是飛翔，飛翔之後
其言語是花朵綻放時的光澤閃現

睡，睡入玻璃狀態喜悅的睡中
醒，醒為玻璃狀態喜悅的醒中
有鳥啼鳴有蝶飛舞
悠然的山水讀著夢與花的奢華
悠然的你我讀著悠然的山水
貓與夜的軼事總是燃燒愛的世界
如熔岩冷凝的一朵玫瑰
向可游可翔可風可雨的無盡綻開
把唇邊杏的汁液四濺

四
濺
成

春。

——一九九三·一一·一三·燈下

愛是一種信仰

仰首
當是撲面而來的午後
我思念你的午後
火焚的，如窗外一株橙色的變葉樹。
迷濛在日光雨中
釉彩的葉片上閃著光
當是雨珠的浮動

啊，枯坐案前的自己
已被折磨成一種甜而美的境域
其實在心中我已把你的姿容雕刻成淚。
在淚中雕刻你
雕刻成清淚涔涔而下的自己

因為
那終日被囚在愛中的是你也是我
如火焚的一株變葉樹

如一種信仰。

——一九九二·一二·一一·初夜

此刻

千年時間為你我鑿烙出這則綺夢
如果說，這就是緣定三生的今生
如果說
百花都是春天的一種嘔吐
今生
此刻
我寧願嘔吐
一腔膽汁　因
愛有時就是來自這種滋味
是以，今生我絕不做那折柳而去的人
因　時間千年始為你我鑿烙出
這則日暮燦霞的

有對天鵝投入湖心的
如天外飛來的
一縷清香的
綺夢。

如果說：
這就是緣定三生的今生
今生我絕不做那折柳而去的人
（不容怔忡。真的，不容怔忡。）

——一九九二·一二·一·晨間

魚說

躺著。春天的那個樣子，躺著
我要把詩寫在你的身上
述說　聲音中浮現的是你我的臉龐
向淚孵出的春夏秋冬航行
在有花有葉舞成的田畝上
一隻雲雀自黑森森的呼吸裏
穿進你我的體內　翔著
彎腰的族人們代代鑿著一口老井
鑿出美的掙扎
春雨走過之後　是
啜泣，抑或
喜悅的笑聲。徜徉在溪邊

一日
午後自葉脈中醒成狂暴的風
在風中的你我溶入風不見了自己
啊大地，不是自虐
那是一望無際橫陳的軀體
被月色花影鏤出水的音響
在水的容顏中成為你我的紋身
於是漫遊在黑黑的黑中
化為蛹，而東而南而西而北的舞踊著
與春為鄰，接受如齏粉般的
浸在美與溫柔的途中
當縮回披衣推窗的那隻纖手
是怕驚擾月光，啊，依是
一對棲林的候鳥乍然譜出張翅的快板
而後是落塵，落塵的你我
緊擁在詩集的有花有葉的
每一句詩的句點裏，產生氧的

在陽光走進每一莖葉每一枝幹的樹中
解放。

昨夜
整座城已燃燒成你我喜愛的花朵
一朵巨蓮，淺紫的，成風、成雨的
在風中就是風的，在雨中就是雨的
由琴聲輕撫中解讀冰雪
曲調是流質的發紅，而又藍中透紫
以淚煎成若干甜美的晨間
秋來時你已不再依廊低首輕泣
因鹽分來自每一句詩句
把山和水的尊嚴移至枕間才是山水
是一蓆語言細膩的薔薇之宴
以鳥聲去編織你曳地的荷葉裙襬
我以心浮出水面托出的那位小美人魚　是你
願猶若琴聲的今夜往返在琴聲中

有夢。

也許　不再饑饉。也許
就是因夜太過於饑饉，燈
亮起一張張圓圓的唇形
竭力的喊出一聲　光。魚說：

開膛破肚之後，豁然
在一望無際的桃花盛開的林中
披以霞光
張髮獨行。魚說。

——一九九三·九·二一·晨

第八輯

飛的意象

飛的意象

當我不寧的走在遠方與夜獨處
那如風的思念卻又透體而過
於是　地旋天墜，於是
一條吟唱春天的河不諳了流向
我已在花開頃間的

如蜜的疼中，活著
蜷曲成一名為愛受審的囚者
判決吧！反正
我已是空了心的人，因

一顆殷紅的心顆乘在翅中
翺翔在思念你的方向

愛人同志，你知否？
（想飛的意象，總是
在思念你最苦的時刻完成。）
霍然，追問上蒼：
春天如何以思念完成一種繽紛的
死亡。

——一九九五·三·一·燈下

春天的事

春天的事
晶藍的天空豐沛成一絲風縷在山中
汩汩的泉水啊！已成為清澈的溪
日夜欲言又止的訴説春天的事
其實你我早懂得
那縷林梢飄起的淡藍色的
山嵐，就是你我。因

今夜該是個月光呼疼的夜
夜深處你輕偎我的肩胛，説：
不為人知，就在這個深夜裏走失
只把跫音留給翌日
一樹名喚小瘋子的初放的花

時間私語著時間，萬勿張揚的
流露些許個中精靈的芳香
為何為何，你我彷彿液體般的
在那串與泉水化不開的鳥啼中
又被浮現在淡藍色的山嵐裏
彩繪此生，天地可解的
自足的
私語。

——一九九五·六·九·雨的午後

仙質的野薑花

一簇盛裝微笑的野薑花
依附淺愁的情節如一絕句
天空濕濕的低過我的眉睫
池中晨光正托起我的魂靈

母性而徐緩的　風
忙不迭的擁吻掩埋月光的大地
水　已在棕白兩色的瓷壺中
淑女般的野薑花端坐廳內

別後相覷
哭與笑均是讀你時忠貞的告白
淡淡的花香

蠕攀的糾繞在枕間
成夢
入詩。

池中晨光正托起我的魂靈
一簇盛裝微笑的水薑花
（其實，就是仙界入凡的你，小瘋子。）
依附淺愁的
情節
如一絕句。

——一九九五·八·二六·午後

茉莉寄情

祛除昨夜滿身月光
一路呼喚著你的乳名
絲絃為何塵封
一對山鳥斜空掠過
頓時晨間使我怔忡
小瘋子，思念中的我啊
驚見

我的二分之一，已是你的姿容
是否，風已無法傳遞我的歌聲
而你可知庭院的茉莉七朵初放
昨夜滿身的月光已祛除

而思念中我的三分之二，
已是你的姿容
願今宵窗外星圖內北斗
把花香徐緩的送入
你夢中之

夢。

——一九九五·八·一四·傍晚

小巷之痕見得

時間
飄盪著
蒼髮
緩緩的
搖擺在窄如葉脈的巷衖
啊

一襲青衫的人兒
水般的月光
悄然走入你的粧鏡
把夢
彩繪一朵花軀如豆的紫
初放

在你的玉頸之右
烙出風的 誕生
因 燈下的子夜
正呈示酒與蜜的歌聲。因

翌晨，一對候鳥潛行在水湄幽徑
執意以眼以心去解析
斑斕今秋一樹小瘋子的
那朵

紫。

——一九九五·一〇·二七·燈下

今生五月

同息在一呼一吸之中，一望無際的
是銀色的大地和銀色的夜

崖的容顏在月光下
月光下的露珠裏
是你染綠我的血液
燃出綠的火焰
此刻，景色就美在你的黑瞳裏曄曄的浮現

五月的緬想與眷顧
就是　松咀嚼著風
風　咀嚼著碧了的泉
在花香的柔繞中，在春與夏的

隙間，彷彿
我被那朵雲攬入懷中
知道天上只是　藍
而你我多想在藍中化為烏有
小瘋子，這就是今年五月

啊

大地睡臥受孕的花朵中
在徐徐的
南風裏　搖曳

——一九九五·五·一〇·燈下

七月的時空

七月的翠色總由天河延展開來
於是　咀嚼。於是　纏綿
無言。而後是無言的土地在纏綿中
擁抱。緊緊的擁抱在萬古不變的月光下
陷入喋喋輕語的水流

呼吸著陷入　夢
在愛的年輪裏旋轉
蜜一般的旋轉出翡色的音韻
是以

燈以光暈記錄你我
機密為春與酒的典籍

私語在
時
空的
內
外。

——一九九五·七·一二·初夜

愛的界說

窗外的橫街和天空都是薔薇的花色
如在蜜裏淹浸著
你我已醒成大地的凝碧
族屬春的子嗣
那草的香味就由體內散發了出來
啊
午後的餘韻未盡，夜已初臨
風　燦亮的自繽紛的銀河悄然旋至
無暇的是　無語問雲天
喜悅的繁星紛紛墜入夢中
無暇的是　輕撫琴弦
為夢
粧點　成春。

成為
禪中的
一樹
小瘋子的
繁花
芬芳四溢。

——一九九五·六·一九·晚

昨夜未曾入眠

謊言之後　是
詭異的眼神
宣泄一個新的情景

睡姿如蛇
如以失眠做剪
夢中
我已被裁為無數血肉呻吟的碎片
把所有的　疼
彩飾般的綰結在心肝之上，燦然為星
而後　獨自滴淚
而後　自嘲無言

斯時在微笑中，我已眠為
絲絲縷縷的
盲行夢外的
不諳如何存活的
無法化做雲和雨的

晨嵐。

——一九九五·一一·七·夜半

夜之變奏

當翅的慾望在體內成形
我已把自己默默的走為今夜的模樣
沒有風、雨、星、月
為了飛向花與蜜的方向
以淚為刃，剖自心顆的位置
完成　翅的意義
飛出　你我的

夢的
圖像
在鐘鼓聲中舒展為你我的山水
而後，是
風徐

雨疎
星燦
月明。

——一九九五·八·一一·午後

如夢令

顫慄的月光
使大地隱入你我的形體
背景為萬物均浸以藍
鍍以星的光度
蓆間繁花似錦
恁魚游

因
左右岸上歌聲四起
颺入天表，化
一尾
我心中的

晶黃滾燙的

小太陽。

——一九九五·七·一三·午前

晚饍過後

晚饍過後的燈暈下
這條弓形的窄巷無人
那男子走成風的渴望，把自己隱沒
使思緒趺坐長廊暗處
整座公園的體溫盡失

啊

那男子
僅僅是活在點燃香煙的星火中
獨思昔日在你帶有花香的明眸裏的時刻
就會想到一莖荷，正淺睡在遠方
願你醒來時推窗南眺

因
那男子曾張髮嘔血，逐漸削瘦
因
那男子把心瓣雕鑿一莖淺睡遠方的
荷。

晚饍過後的燈暈下
整座公園的體溫盡失
那男子
僅僅是活在點燃香煙的星火中

——一九九五·八·一八·午後

四季之外

誰說四季之外沒有幽醒的春天
涉渡於你髮中的是我的魂靈
把呼吸透出指尖，滲浸你花香的體膚
縷縷暖流就迴縈而成
啊　窗裡窗外的蓓蕾輕吟的說

疼。
是驚見夕陽西墜　抑是
西墜的夕陽驚見你我
怎堪歲月如雲
誰說四季之外沒有幽醒的春天
回眸
一樹好香好白的柚花悄然綻放

那年柚花初放你在何方
然今夕端坐橋畔的你
不正是我心中不凋的一朵

小瘋子
誰說　花欲萎落
誰說四季之外沒有幽醒的春天
願今夜夢境處在塵域之外
可否請夕陽駐足片刻
因我摘花的手依然如戟

——一九九五・四・一九・燈下

迎你

當春風
向原野的腹地
滾動著
展示
你所喜愛的
名喚紫的
小花
正隨歌聲
紛紛的
由五色雲端
飄墜
飄墜成你的姿儀

如雪。
因愛你，而
把自己遺忘的
我
在一張木椅上　坐化
一縷裊裊升起的
青煙
迎你。

——一九九五·一〇·一二·晚

一盞微醺的燈火

晨間
由鏡面上我感知一絲涼意
怵然一悚，或許
是你的步履漸遠的太快
我以不安的聲調呼喚著
小月芽兒，我的愛

那日，咯出的一口殷紅的鮮血
竟成為去夏描摹的一朵
盛放的
荷。
入夜時，噙淚點燃自己
一盞微醺的燈火

走入涼意逼人的鏡中，尋你
直至晨間，獨自坐在水邊
悲愴的讀著
亮起
一池春色的微藍。

——一九九五·七·一二·燈下

秋刀魚之說

是潺潺索魂的水聲
使我如液體般的與夜濃為一體
感覺易燃的我，鹽分盡失
步履如風，宛如飄葉
悄悄掩入一本線裝書冊
在一條沒有體溫的河中
誰人得解，且
被發狂的月光吞嚙著
嵌入靜止的河面靜止，為
游姿優雅古典飄逸的
一尾

因　鹽分盡失而易燃的

名喚：男人的

秋

刀

魚。

——一九九五·八·九·午後

燈說

承接我生之魂魄的那雙玉手
是你，正儀態莊嫻的
坐在每盞亮起的　燈裏
風　徐徐的為你
河水　潺潺的為你
花間翔舞的千蝶為你

冬去春來時
待花開　花落成泥香之後
我該是
那隻啣泥營巢的

紫燕。

是以　晚來每盞燈熒熒不止的

說了

又說。

——一九九四·九·二八·午後

讀河

倘若，凝視流向中透藍的波紋
答案自然形成
是　火坐在火中燃
緘默的大地已慷慨的容納你我的愛
髣髴
每一朵含苞初放的
薔薇。
是　火坐在火中燃
日盡時分
當巷尾掀起夜的衫襬
我已把自己　狠狠的
擲給
一條淺翡色的

絹質的
小河。

——一九九五·九·八·日午

夜之醒

蒞臨吧！小靈精
沿著窗外晶藍的星光
在淺夢的枕間
我已燃起愛你的心顆
讓夜的芳草與繁花醒成
如你我般的醒著
醒成
庭中的那方爛漫的
星空。

小靈精，蒞臨吧！
夜深露濃時
思念已將我愛你的心顆燃起

所有的光影都企盼的
滋生出一縷縷潔雅的芳香
迎你。

——一九九五·七·一九·夜

頸椎有疾的昨日

白鳥正掠過你我的眼瞳
在那昂起的山與紅樓一側
初誕了風的腳步
和
煨著夢的
渡口。

僅
一朵黃菊花柔柔的
把秋天的
陽光
狠狠的
吻著

你我的
額。

額上閃亮藍色的三拍子
使頸椎有疾的昨日
已在一稀世的
你的枝葉間
輕顫在風中
盈盈溢出蜜汁的玉瓶內消失

啊　此刻，早成料想
頸疾不見。因
白鳥正掠過你我的眼瞳

——一九九五·一〇·一九·午前

白夜

——詩的電影分鏡頭書齋腳本

一襲青衫的蒼頭老漢
霍霍的走過曠野

（漸
遠。）

在地平線上跪成一個黑色的　點
面著夜之外
一枚
覓尋半生恆亮心中的
銀白的
小月芽兒

（膜
拜。）
啊　夜在淡出
剎那　所有的景物
僅只是凝縮為一朵
紫色的小花，繼之
是　一張蒼頭老漢的臉
且在花中　溶入
（開
始
膨
脹
。）

——一九九五·一二·八·燈下

毫無怨尤（後記）

自五〇年代始，至一九九一年春，在詩的創作歷程中，一直被詩壇稱為「異數」。對這個非凡、奇雅、獨特的封號，我格外珍惜，欣然接受。因為，最告慰的是在這條漫長創作的大路上，使我細嚼慢嚥了文與藝的精緻的營養，幾乎沒有失去什麼。儘管是有些游絲般的無奈。而每每在獨處時刻，自悅而解嘲的，妙以一隻手為自己鼓掌，也是其樂無窮的。毫無怨尤。

談何容易，一位詩人想蛻變自己創作風格，但是，每位詩人時刻冥思使現有的自己抽離、反觀，而後打通任督二脈，脫胎換骨，為使蛻變一個新的創作品貌。藉於這個原由，近年來，毅然選其以抒情的句形，真誠的鏤刻你我都曾有所經驗的情愛的事與物、心與象的「情詩」。我想這比較會使你我的距離拉近，而更容易做出心與靈的溝通。

「愛的語碼」，這本集子是三年內，繼「一個心跳的午後」情詩詩畫集（一九九三年黎明版），出版後的第二本情詩精選集。

這本集子除了收選九十二首情詩外，並附錄大陸詩人、詩評論家沈奇先生的宏文

「藍調碧果」——碧果詩歌藝術散論，使這個集子更加光鮮生動而圓融。特致謝忱。

最後，這本集子能順利出版，特別要感謝「文史哲出版社」主持人彭正雄先生的鼎力支持，並建議我申請文建會的印刷資助，才能付梓。茲特於斯致謝。

一九九六年春

碧果寫作年表

一九三二年　九月二十二日生於河北省永清縣城南門外。
一九四四年　讀「紅樓夢」「金瓶梅」等古典小說。
一九五五年　春，處女創作短詩「黃昏」發表於田湜先生主持的「野風」文藝月刊。
一九五八年　作品開始於「創世紀」詩刊發表。
一九五九年　出版詩集「秋·看這個人」。
一九六〇年　撰寫「六十年代詩選」詩稿。
一九六二年　至一九六四間，寫「齒號」「被囚之礦的死群的昤之囚」等及作品一輯詩稿。同時開始畫「抽象」畫。
一九六七年　作品入選「七十年代詩選」。「拜燈之物」等四首。
一九七〇年　參加「第三屆現代藝術季」，假美國新聞處舉行十位詩人十位畫家展。參展作品「來與去」一詩。
作品入選「當代中國新文學大系」。
一九七一年　入選「中國現代文學大系」，作品「溪流」等九首。

短篇小說集「黑河」，由商務印書館出版。

一九七二年　「創世紀」復刊，任編委。

一九七三年　應邀參加第二屆世界詩人大會。史博館為配合大會舉辦「中國現代詩畫展」，以詩作「七月之歌」參展。

一九七四年　九月二十日出席「創世紀」二十周年得獎評審會議。

一九七五年　獲中華文化復興運動推行委員會與文藝研究促進委員會、文藝期刊聯誼會頒發之第一屆「金筆獎」。

一九七六年　組「詩人畫會」，發起人計有管管、林煥彰、沈臨彬、孫密德、藍影、德亮等七位詩友。四月於「幼獅畫廊」展出。並出版「青髮或者花臉」詩畫七人合集。

為洛夫詩集「眾荷喧嘩」配插畫。

作品「大地」等七首短詩，入選「八十年代詩選」。並任編委。

一九七七年　寫「孵岩居詩抄」七十餘首短詩，全部發表於名詩人羊令野先生主編的「詩隊伍雙周刊」。

散文集「知乎水月」，由源成文化出版公司出版。

為「中華文藝詩專號」配畫插畫。

一九八〇年　寫妥歷史大歌劇「雙城復國記」。

一九八一年　「雙」劇，於國父紀念館公演。
　　「碧果自選集」由黎明文化股份有限公司出版。

一九八四年　任「創世紀詩選」編委。

一九八八年　「碧果人生」詩集，由姚家彥兄主持采風出版社出版。
　　作品入選「當代台灣詩萃」。
　　與洛夫、管管、張默、辛鬱、張堃等六人連袂返鄉探親，會聚北京，親晤數十位大陸詩人，並舉行座談與「神州詩吟」朗誦會。

一九八九年　作品入選「中華現代文學大系」及「現代中國詩選」。

一九九〇年　任「創世紀詩雜誌」副社長。

一九九一年　作品入選「台灣現代詩選」。

一九九三年　「詩的星期五」與痘弦聯手出擊，第六次活動。
　　編撰歌劇「萬里長城」，六月於台北國家劇院公演。

一九九四年　「一個心跳的午後」情詩，詩畫集由黎明文化事業股份有限公司出版。
　　冬，任「創世紀詩雜誌社」社長。

附錄

藍調碧果

——碧果詩歌藝術散論

沈奇

○、題釋：或可作參照的背景材料

1.藍(blue)，藍的、蔚藍的、青色的、憂鬱的、貴族意味的、出乎意外的……；

2.調，情調、格調、調式、調性、調調；

3.藍調(Blues)，樂名，源出於美國黑人音樂，略帶憂傷抑鬱的爵士曲調；

4.碧，碧綠、碧藍、澄碧、碧玉、碧桃、碧雲天、碧螺春（茶名、上品、其湯清澈鮮綠、清香幽遠）、純淨、青澀、「一品深綠」；❶

5.果，果實（渾圓、凝止）、果敢、果毅、果然、果子狸（亦稱「白額靈貓」，四肢較短，夜間活動……），「植圓於青空之上」。❷

6.碧果，臺灣著名詩人，男性，一九三二年生。本名姜海洲，河北省永清縣人。五短身材而具紳士風度，面善卻不多言語。寫詩四十餘年，著有詩集《秋，看這個人》、《碧果自選集》、《碧果人生》、《一個心跳的午後》，及小說、散文集多種。現爲創世紀詩社社長，專司寫作，且善書畫。

7.「超現實主義，名詞。純粹的精神的無意識活動。人們憑借它用口頭、書面或其他方式來表達思想的眞實過程。在不受理性的任何控制，又沒有任何美學或道德的成見時，思想的自由活動。」——布列東(Andr's Breton)·《什麼是超現實主義》❸

8.「生活在創作世界之中——進入這個世界並且留在裏面——時常去光顧它——緊張並卓有成效地思索，靠深刻與連貫的注意與沉思冥想求得結合和靈感——惟此而已。」（重點號爲原註）——亨利·詹姆斯(Henry James意識流代表作家)·《筆記》❹

9.是否後什麼現代主義？備考。

一、有幾個碧果？

——或角色出演與本眞言說

手邊有兩部碧果的詩集：作爲一九五〇——一九八八年，三十餘年的一部碧果自選集《碧果人生》（臺灣采風出版社一九八八年八月版）和作爲詩人步入九十年代後的第一部結集《一個心跳的午後》（臺灣黎明文化事業股份有限公司一九九四年五月版）。潛心研讀之後，浮於腦海的第一個命題即是：由兩部詩集、四十餘年創作結晶所構建的碧果詩性話語世界中，有幾個碧果在說話？

這是至關重要的——尤其面對碧果這樣複雜而特殊的詩人。

在臺灣現代詩運中，碧果一直被視爲「異數」，作爲「創世紀」同仁，他不但「異」於「創世紀」之外的詩人行列，且「異」出「創世紀」班行，自守一道，特立獨行，歷四十載而「執迷不返」，並因此而「擁有」孤寂、誤解乃至拒斥且至今期待著擁有眞正到位的知音。顯然，要對碧果的詩歌世界進行恰切而深入的言說，確是一件頗爲困難的事。我們面對的不是一個碧果，他的詭祕和多變常令人不知所措。一部《碧果人生》是多種覓向的展開，且每一種覓向中都既藏有結論又埋下問題——「而那人／僅僅是有權把各種聲音與顏色有情無情地揮霍／終極仍然是／轉身／走了出去」（《人》）這是一節極有意味的詩句，一次詩人前三十年創作心機的唯一洩露。而最終的了然是詩人新一部詩集《一個心跳的午後》的出版，碧果人生就此得以完整地呈現——作爲一張「底牌」、一抹本色、一個可能的歸宿，這個「午後的心跳」使我們終能捉摸到一點詩人最終要守望的東西。「這時刻該是約會自己的一種約會」（《孟冬冥思》），「那人乃一枚敦厚溫柔成風的月／那人乃一株披衣慢步成雨的梧桐」（《那人》）而此前的碧果也絕非玩「玄」或刻意向詩界挑戰，只是從另一個角度，那樣執著而又溫和地、潛入式地、耐心靜候知遇地、提供關於詩性體驗的另一種信息！

由此我們發現至少有兩個碧果：作爲角色出演的雜色碧果和作爲本眞言說的藍調碧果。必須指出的是，就寫作而言，兩個碧果都是眞實而嚴肅的投入。這看起來有些矛盾，而眞正矛盾的是詩人創作歷程所經由的那個時代。其實還存在另一個碧果：在智性的、「形式主義」的「雜色搖滾」與激情的、想像性的「藍調抒情」之間，一些黑水晶球般的寓言敘事和小溪流般的純眞呼喚，一種不含操作也不面對什麼的頓悟與天籟。就筆者個人而言，我更喜愛這一個碧果，且認爲是其詩性生命最本質的一面，可惜未爲詩人所珍惜而至更深入的探求。

無論那一個碧果，在過去四十餘年的臺灣詩壇，都一直是一位所得回報最少的詩人。諸如「看不懂」及各種誤讀一直如影隨形般地遮蔽著這位「異數」詩人的異質光彩。這裏面有詩人自身的問題，更有詩界各種客觀因素的困擾。但作爲碧果的作品最終總會尋找到它所針對的讀者和所需要的批評家的。站在今天的詩壇地平線上，我們重新審視這位「異數」詩人，自會取得更新更清晰更趨一致的認識。

二、「當我的靈魂由一場爭執中走過」，「河的變奏」便成為「僵局」❺

一位詩人或作家，在他初始投入創作之時，遭遇的是怎樣一種語境，常常嚴重影響其創作覓向。設若當時身處的語境，與其自身本源審美質素相契合，自是如魚得水，本眞投入；設若相反或不盡契合，卻又因「時勢」所趨而不得不趨之，則必然會夾雜著或多或少的「操作感」於創作之中。如此，對「根性」較弱的詩人，則最終會完全失去自我，成爲一個時代之某一主流詩歌觀念的脆薄的投影。對「根性」較強的詩人，雖不致完全背離個在的本源質素，但也必因之而經歷較長的扭曲或分延的「變奏」階段。由此創作心理影響下的作品，或也有精品力作，但細察之中，那種或隱或現的「操作感」總是難以消解的。

這是解讀碧果前期（尤其是初期）作品的一個至爲重要的切入點——正是在這一點上，普泛的讀者和批評家們常常因忽略而致「盲視」。

作為「創世紀」詩社最早的同仁之一，碧果始於五十年代的詩歌創作，一開始便捲入了一場現代詩學的「爭執」之中。在「橫的移植」的語境中，在「超現實主義」的大旗下，他和他的「戰友」們一起投入了如火如荼的「現代詩」之創世性的實驗中去，而且還成為其中最為極端和長久的實驗者之一。

那是一個何等令人神往的、造山運動式的「狂飆突進」時代——在這樣的時代氛圍中，即或是不無功利性的「操作」也讓人感到是一種純正的創造！「一旗風雨在開始製造位置」（《鹵號》），急於有所成就的浮躁感和「爭當排頭兵」的焦慮情結在年輕的詩性生命體驗中，漸漸衍生為一種異己的力量。

問題的關鍵在於：實驗不是目的——有如身處今天後現代主義語境下的詩人們，不是人人都可以成為「後現代詩人」一樣，當年身處超現實主義旗幟下的「創世紀」同仁們，也不盡都必然應該或可以成為「超現實主義詩人」。實驗是一種必要的開啓，一種可能的激活，經由實驗這一過程而必須抵達的，則只能是為新的詩學觀念所照亮和拓展了的、詩人自身所獨在的本源詩歌流向。

遺憾的是，在這場有關詩歌靈魂的「爭執」中，碧果顯得過於執拗乃至偏激——他在「實驗室」裏呆得太久，似乎非要去「證明」一點什麼不可，由此影響到他未能及時返回自身而取得更大的成就——我是說，他完全可以幹得更好，以至成為第一排的人物！

對於今天的讀者來講，碧果所有的所謂「怪詩」（主要是前期作品）應該都已不再爲怪了，若再以上述「實驗性」和「操作感」去審視，更可了然。可以這樣認爲：作爲「辨色碧果」時期的大部分作品，有如說是表現了某種特別的「表現形式」，不如說是表現了一種強烈的「不可表現感」——從語言形式的到生命體驗的（也許從這一點上，去指認碧果的創作態勢中含有後現代因子，到不無幾分道理）。當這種「不可表現感」著力於語言形式方向時，便產生了《鈕釦》、《水》、《兵士的·玫瑰》、《神哦·神》以及最具代表性的早期作品《魚的告白》。在這些詩中，語言經由詩人的「實驗之手」被強行拆解、移位而後變構，傳統的語義系統裂爲碎片，大量的空白乃至需用多種標點符號來補充，詩人似乎患了「囈語症」，但悉心傾聽又有他自身的「邏輯」。實則我們無需在此中尋覓更深的含義，詩人在這種實驗中要「索取」的只是「一個由交錯而構成的時空」（《拜燈之物》·重點號爲筆者所加）——新的語言時空。爲此，實驗暫時成了目的，作爲過度狀態下的這些詩歌文本，負載的不是要表現什麼，而是可能會表現什麼。

由此開啓的「變奏」是漫長的，乃至時時給人以僵硬的感覺。我們不得不承認，這是一位眞正徹底的探索型詩人，對此作任何價值性的判斷都是錯誤的，眞正需要追問的只是：詩人最終是否走出了已成「僵局」的「實驗室」，而找到並構建了屬於自己的、新的語言空間？回答顯然是肯定的——經由對傳統新詩話語範式的全面而極端的「反動」，碧果終於研磨出後來足以立身且至今異彩照人而不可小視的獨特語感體驗。而當詩人一但消解了「操作感」，將此語感體驗與其生命體驗作自然而貼切的契合時，便產生出卓然不群的藝術魅力——「錯綜的劇情不是安排／請不要駁回我的申訴／我們並沒有絕望／揚棄故事／是因爲可能會發生任何新的／等待。或者是／任何新的／判決。其實，我們應該都是自己的導演，而非……而／非／風／雨」（《一九八三》）

三、當「所有的爭論均化為水聲」，「河的變奏」則有了另一種「結論」❻

研究碧果，須持細緻縝密的態度。這是一位心意埋得很深，具有很好的藝術控制力的詩人。他說出來的很少，想要說的東西又很多。他一直沒有放棄形式上的探索，卻又於多覓向的變異中悄悄守住他不變的內在。他不事張揚，卻又處處留意。細心的讀者自會在其作品中找到他刻意留下的某些隱祕的通道，進入他所構建的詩性時空。

在《碧果人生》詩集中，收入兩首同題爲《魚的告白》的詩，一寫於一九八四年，置於開篇，一寫於一九五〇年，置於收尾。且整部詩集逆作品的寫作時間倒序編排，讓作者沿著這條「變奏」的詩歌之河溯流而上，其心機何在呢？

顯然，八十年代的這條「魚」已不再是五十年代的那條「魚」，它昭示著一個漫長的蛻變的過程。那種「告白」的方式依然是「碧果式」的，但其「告白」的精神內容卻有了不同質地：「將美／歸還予初生之嬰／將醜／歸還於／黑色的／土壤／一群舞者，將自己舞成柱形的陽光／自體膚／散發出煤的光澤／花的／繽紛。」（《魚的告白》一九八四年）漸趨寬闊明暢的河流上，詩人的心境是如此曠達而明澈，頗有點如魚得水的自如和達觀。反視早年那條初生之「魚」的告白：「懷孕著那／飛躍的馬蹄的夢／唉，而今，我卻被泅禁於／這夜的圓鏡中。」（《魚的告白》

一九五〇年）——兩種「告白」橫跨了三十餘年的時間，再參照步入九十年代之《一個心跳的午後》的「告白」，我們會發現這樣一個奇特的現象：作爲詩人的碧果，在年輕時思考著死亡，在年老時歌唱愛情；在應該充滿幻想和激情的青春歲月裏持一份特別的冷峻和沉鬱，其寫作是那樣的怪僻和矜持，而在應該寧靜而致遠的暮色黃昏中，卻如火山噴發般地投入激情與想像的吟誦！

矛盾的人生，錯位的時空，語言的異變源自精神的異變，對言說方式的質疑與反叛來自對生存方式的質疑與反叛——正是在這種雙向交錯的質疑、反叛與異變中，碧果對人生的詩性思考和探尋達到了一個至深的獨特境地。

眞正「耍怪」的，是那個荒誕的時代；是存在對生命的迫抑。年輕而早熟的碧果，在對現實的初步審視中，便從語言到精神皆持以完全不信任的態度。但就氣質而言，他又不是一個「鬥士」而只是一位「思者」、「言說者」，他只能返回自身，遁入感官世界中去傾聽「肉體內的琴音」（《牙齒的哲學》）。逃逸是詩人碧果永遠的命題，他只和自己爭論，在自己構建的「有著二十七個淺綠色的方格」（《窗・盲鳥》）的小屋裏成爲「一方想飛而未飛的風景」（《窗是一方想飛而未飛的風景》）。這片特異的「風景」，選擇「超現實主義」的表現方式，並成爲其最極端的實驗者，就碧果而言，既是那個時代的寫作境遇，也是尋求自由思想消解精神束縛的必然過程。這種選擇也許不盡契合碧果的本源詩性，但卻爲他開啓了一方找回本我的天地。當「樹被閹割了。房子被閹割了。眼被閹割了。街被閹割了。手腳被閹割了。雲被閹割了。花被閹割了。魚被閹割了。門被閹割了。椅子被閹割了。／大地被閹割了。」而詩人卻因了這選擇，有幸成爲「一隻未被閹割了的抽屜」（《靜物》）——詩性靈魂的神奇而自在的「抽屜」。「抽屜」的意象是別有意味的，它幾乎成了整個碧果詩歌創作的一個標誌性的隱喻。它喻示著一種收藏而非展示，一種私人話語而非公共空間，一份詩性人生的個人檔案而非歷史的繁囂演出。在這份檔案裏，我們看到的是對「表現」的表現和對生命體驗的表現的雙重書寫。當這種書寫著力於後者時，我們看到了更爲本色的碧果——實際上，在迫於外部的挑戰而作不無「操作感」的「雜色碧果」式的「變奏搖滾」中，那個本色的「藍調碧果」一直存在著，且成爲《碧果人生》中最精彩的部分。

這個部分包括兩類詩作——

一是寫於六十年代的可稱之爲「輕音樂」式的幾首小詩精品如《溪流》、《春之訊》、《晨之晨》、《逃逸》和《拜燈之物》，其最具代表性的是《溪流》一詩：

且疊起千層晚紅／有山進入／乃蛇之軀／那女子／踩笛音而入畫　牧童之臉／乃湮雨的小徑／娴娴然／那株纖柳點醒一季／晨。竹簾輕捲／笛音中／寢自遙遠／且疊起千層晚紅／那女子已／入畫。乃蛇之軀　閃閃。

在這樣的詩裏，浮躁和焦慮已完全消解，只是沉凝而清澈的「一品深綠」，自心靈的至深處汩汩地流溢。意象依然有些詭祕，卻不再生硬，是神祕體驗之自然的生發。這一更具碧果本質的審美體驗，到了後來的《一個心跳的午後》中，方得以全面的展開而更顯豐盈。

其二是寫於七十至八十年代的一部分可稱之爲「寓言性敘事」的作品，如《又是安適的一天》、

《初春瑣記》、《這就是風景》、《昨天下午我走出電影院之後》、《一九八三》、《當我走出家門前的紅磚小巷之後》、《腳印》、《梯子》、《當我要離開的那一殺那之間》、《椅子或者瓶子》等。這些作品的風格似乎突然游離出碧果的「主流變奏」迥異成另一種語感體驗：客觀、沉著、平實而又充滿智慧，冷僻的視點，敘述性的話語，不動聲色的白描，平面化的呈示，卻將存在的荒誕和破碎感揭示得「入木三分」，且不乏後現代式的反諷意味。尤其是《椅子或者瓶子》一首：

想入木三分／就必須把那張椅子放在那裏／這就是別具風格的一種解決的／解決／方法。／像／一支空了的玻璃瓶子很武斷地倒在那裏∥絕非醉了／那是獨樹一幟的／把結論／和／一把鋸子與一副白森森的牙齒／製成的／你／和／我∥但一閃而逝／其實我們根本就是在玩這種無法擺脫的／演出∥幕落不落／都會有新的房客來／不容更易／一群犀牛中的一隻不願爲犀牛的也是∥犀牛。

這眞是智慧的傑作——一種詩化的思與思著的詩。同樣的語感，在《這就是風景》一詩中，更至化境：完全摒棄意象的營造，純是直白的言說，言說一個活著的人與一塊作爲死之標誌的石碑在墓地中同時傾聽鳥叫的「寓言」。說得那樣輕鬆、那樣質樸，卻說出了深入骨髓的一種人生沉味。可惜的是，這樣的作品，在碧果的整體創作中，一直未構成大的局面。是什麼原因呢？

時間是最後的贏家——當「所有的爭論都化爲水聲」時，生命的調色板上便只剩下那原初的本色。到了八十年代末，整個創世紀一代前行詩人，都在步入暮色的旅程中從各個向度回返本我的詩性（有的則不無遺憾地丟失了可能的更大成就的探索）時，碧果也驀然發現：「自此我始終無法把體內的月光排去」（《月光劫》）——那是憂鬱的藍色「月光」，一直未得到眞正呼應而輝耀的愛的「月光」，激情與想像之舞誦的「月光」——向晚落暮，那久已生銹的月光會重新璀璨嗎？

令人驚歎的是：奇蹟眞的發生了！

四、在「一個心跳的午後」，他把「最後的一個角色」，「扮演得最為成功」❼

《一個心跳的午後》是一部詩與畫合集，詩全部是愛情詩，畫（與書法合成）也全部是有關愛情主題的爲詩而配的畫。詩計七十三首，首首帶露含珠、情深意緲，令人沉醉；畫共四十一幅，大都構圖新奇、筆法老道、意趣横生。如此相映，構成一個瑰麗奇幻而不無神祕意味的詩之「伊甸」——進入九十年代後的碧果，在已六十初度之時日，突轉詩向，僅用兩年多的時間，便向詩界獻出這部令人爲之一震的「奇書」，你不能不爲這種愈老愈年輕的心態，愈老愈旺盛的創作能力而傾倒！

在現代詩的國度裏，愛情詩這塊園地，已日漸萎頓。浪漫主義時代的輝煌，早已成爲昨日的記憶而爲今人所淡忘。年輕一代寧肯在流行歌曲中去尋求愛的共鳴，也不願去讀那些不倫不類不深不淺不痛不癢的所謂「愛情詩」。這其中，除了現代人尤其是現代青年的情感世界本身有了質的變化之外，現代詩人對愛情詩的表現形式缺乏新的把握是其關鍵所在。陳舊、平庸、矯情乃至浮情濫情，日益敗壞著讀者的口胃，甚至連詩人們自己也漸漸厭棄而致疏荒無爲了。

何況，在這個日趨物化，一切均被納入商品化和即時消費的時代裏，那種眞正意義上的「羅曼蒂克」還有多少存在？年輕人都不信「這個了」，年老的人們又有何爲？因而當我們偶爾聽到那些發自不再年輕的歌喉中對愛的詠歎時，我們只能認爲那是一縷傷感的追憶和懷念，很難相信其中有多少當下的眞實情懷。

然而細讀碧果這部《一個心跳的午後》，我們卻驚異地發現：這「心跳」竟眞是現實的、當下的、正在發生和發展著的，是對此在之現場的愛的禮讚，而非黯淡的目光中閃爍幾粒追憶的星光——這是黃昏裏復燃的火焰，這是生命中唯一的月亮，「驟然，時間又誕生於你我之間」，「透過生存，超越死亡／回首已發現／我所有的思念及夢／皆欣然肅立」（《第十五日·一九九一年八月十五日》），重涉愛河，「輕吮一窗新月的奧祕」（《一個心跳的午後》），老碧果青春煥發，詩意盎然，愛得死去活來，「詩」得如癡如醉。三十年前那「一羽黑色的向日葵」（《齒號》）《蛻變》爲今日《燃燒中的那朵玫瑰》，且「寧願把生命與天地交換」（《第十四日·貓咪，歸來吧！》）乃至發誓「我要在這泓小小的銀泉之中／蜜一般地溺斃」（《夏日情懷》）「因你我已把歲月的尾端布飾成一樹紫色的／繁花」（《蛻變》）「花香引領著你我吐納成潑墨的風景」（《風景的收藏與收藏的風景》）而「在天地之間／此刻的你我才是歲月的唯一」（《溢》）

……

無須更多引證，我們已爲這詩行中所散發的氣息和光量所迷醉；更無須去考證讓碧果如此爲之「心跳」的那個被祕稱之爲「ＥＪ」的「小蜜罐」、「小月芽兒」、「小貓咪」是誰，而只認定這是上帝之手造就了這晚成的「伊甸」，使我們的詩人重燃想像和激情，復歸本色的「藍調碧果」。應該說，這種「波特萊而式的藍色」（《蛻變的藍色》）在以往的碧果創作歷程中，是有意無意地被長期抑制和遮蔽了的。作爲前三十餘年作品選集的《碧果人生》中，我們幾乎找不到一首有關愛情的傑作，其個中原由，恐只有詩人自己清楚。也許正是由於這種壓抑造成了今天的一發而不可收拾而成奇觀，這裏不僅有對情愛的火熱吟誦，更有對性愛的眞誠歌詠：「今夜我又裸白在夢裏未眠想你／管它舞臺上茫茫煙火粼粼月光／我只想／纏綿在你那撮俏麗的尾形髮絡之上／呑食一夜暖玉般的膚香」（《第七日．俏麗的尾形髮絡》）「今夜爲何又掩窗遮月／裸坐的你正映入你的妝鏡／百花不及於你，因／你已把自己舒放爲一莖鵝黃的水仙」（《你依然是一莖入世的水仙》）「在一方潔白如玉的田畝上／此刻的你我就是飼養春的汁液」（《春的誕生》）「爲使生命中的另一朵生命之花開放／你我已使體膚蛻變爲一方豐沃的土壤」（《有題》）。而深值得稱道的是，無論是寫情還是寫慾，在碧果那支磨礪多年早已得心應手的筆下，皆化入溢光流彩的奇異意象之中——心香、膚香、花香、靈光、淚光、月光，膚之田畝、心之田畝、自然之田畝，聲、色、光、味、虛、實、幻、眞，皆相融共生於同一語境裏。如此，情欲成了如水似山的情欲，山水化爲有情有欲的山水，徜徉其中，感受到的，是情愛之戀、生命之戀，也是山水之戀、自然之戀。而在這情戀欲戀山戀水戀之中，又可隱隱傾聽到那一縷發自靈魂深處生命本源的憂鬱的藍色樂音，曲迴縈繞，使你想到詩行之外還有一些什麼更深幽的歎喟……

愛情詩難寫，寫好更不易。好的愛情詩，其要旨在「眞」、「大」二字，眞即情眞，不矯不飾，敢愛敢言，「以我的骨骼爲你生火取暖／而後在火的光燁裏吻你」（《夏日情懷》）；大則指境界大，化小愛爲大愛，以激活生命、拓展精神空間，「唱一首野聲野調的好聽的歌／使燃燒在心中永恆不息」（《草香的初夜》）。以此看整部《一個心跳的午後》，應該說是一部難得的成功之作。尤其是碧果此前一直刻意追求的語言特色，在此集中得到了更恰切的發揮，使之在華貴典雅的古典風格中，仍處處瀰散著極現代的氣息，實可謂九十年代之臺灣詩壇一束「秀出班行」的奇葩。

五、何為碧果？

——或個人化的語言向度與精神空間

在以上對碧果兩部詩集三個層面的粗略描述之後，我們可以對這位詩人得出一點理論性的指認了。

現代詩是一種多向度的展開，因此，現代詩人的創造也應是多元共生的。一切或激進、或保守、或傳統、或先鋒等等表象的指認都是非關詩學價值的。今天的詩人，甚至依然可以寫浪漫主義的作品，而所謂後現代主義更非誰撈著就可身價百倍的什麼「彩票」。實際上，就整個大中國新詩而言，那一種主義的詩歌都未走到頭，都需要更深入的探求和建構。

這裏只有一個可通約的標準，即作爲一個成名的詩人，你是否通過你的作品爲現代漢詩拓展了一個新的語言空間和精神空間。拓展的大與小是一回事，有無拓展則是首要的。無論「異數」不「異數」，關鍵要看這一點。

縱觀四十餘年碧果的詩歌歷程，詩人於此方面的努力是有成就的。他在現代詩語言上堅持不懈的探求，使他由最初的怪誕、生硬而經由取蕪存正、消解「操作」最終形成了他自己的一套用語特性和編碼方式，並由此營構了一個特異不凡、自足自明的意象天地。像諸如「一品深綠」、「一肢肉雲」、「一芽騷動」、「一廊柔黃」、「一肌膚的夢」、「一尾裸白的魚」、「一莖入世的水仙」、「一羽音的千山波動」這些初看頗爲生澀難解的詩句，在今天詩人和讀者的眼中，皆成頗爲親切鮮活的創意而令人珍愛。尤其是他對詩行排列中獨具匠心的節奏把握，更使過於散文化了的現代詩多了一分別具一格的調式和由此生發的新奇的韻律感。

而語言之相即精神之相。無論在《碧果人生》中還是在《一個心跳的午後》，我們都能經由那些新穎詭奇的詩句系列，打開一扇扇富有神祕意味的窗口，窺視到另一片人生風景，而拓展了我們對生命的體味和存在的思考。然而必須指出，碧果所給予我們的語言空間和精神空間有著極大的局限性。那只「抽屜」的喻象和那個「逃逸」的命題始終存在著，成爲詩人終生的缺憾！細心的研究者會發現，在碧果的作品中，我們很難找到對眞理、價值、終極關懷等超越性命題的切入。在大部分的時間裏，詩人只是沉溺於稍嫌卑微的自我愉悅中，或甘作一只「抽屜」（只是爲了不被閹割），或遁入「一個心跳的午後」（爲了補償蒼白的黎明），那個充滿激盪和危機的現實世界很少能進入到這個「貴族化了」的私人空間中來。他甚至很少寫「鄉愁」（我指的是文化鄉愁），而日益內縮的精神主體在晚來的愛情火焰中，更軟化為「跪月的人」（《跪月的人》），且向世界宣告：「再也沒有躍然的意象／我只想釀愛為酒」（《初秋感覺》）！

這便是上帝之手——當他給你一些什麼的時候，常常又拿走你曾擁有的一些什麼。

也許最終的碧果也就只是這個「藍調碧果」？

至此，我也和張漢良先生一樣，「反而對早年碧果的達達式行為產生鄉愁」了……❽

一九九五年一月十一日完稿
於雪後初晴之西安黃昏

【註】

❶ 碧果《拜燈之物》詩句。
❷ 碧果詩句。
❸ 轉引自《現代西方文論選》（伍蠡甫編），上海譯文出版社，一九八三年版，頁一六九。
❹ 同註❸，頁九七。
❺ 題目中加引號之詞句均借用碧果《碧果人生》和《一個心跳的午後》兩部詩集中詩題或詩句。
❻ 同註❺。
❼ 同註❺。
❽ 語出臺灣著名詩評論家張漢良先生為《碧果人生》寫的序言，《〈碧果人生〉中的個人私語》。